ÉLÉMENTAIRE ET RAISONNÉ
DE LANGUE FRANÇAISE

PETIT TRAITÉ
D'ANALYSE GRAMMATICALE

A L'USAGE DES ÉLÈVES

PAR

B. JULLIEN

délégué pour l'un des arrondissements de Paris, secrétaire de la Société
des méthodes d'enseignement

OUVRAGE AUTORISÉ
par le Conseil de l'Instruction publique

Deuxième édition

PARIS
LIBRAIRIE DE L. HACHETTE ET Cie
RUE PIERRE-SARRAZIN, N° 14
(Quartier de l'École de médecine)

1851

COURS

ÉLÉMENTAIRE ET RAISONNÉ

DE LANGUE FRANÇAISE

AVIS.

La deuxième partie du *Petit Traité d'analyse grammaticale* comprend la THÉORIE COMPLÈTE ET LES ANALYSES à l'usage des maîtres. 1 volume in-12.

Paris. — Typographie Panckoucke, rue des Poitevins, 8 et 14.

PETIT TRAITÉ
D'ANALYSE GRAMMATICALE

PAR

B. JULLIEN

délégué pour l'un des arrondissements de Paris, secrétaire de la Société
des méthodes d'enseignement

OUVRAGE AUTORISÉ
par le Conseil de l'instruction publique

Deuxième édition

PRÉCEPTES ET SUJETS D'ANALYSE
A L'USAGE DES ÉLÈVES

PARIS
LIBRAIRIE DE L. HACHETTE ET Cie
RUE PIERRE-SARRAZIN, N° 14
(Quartier de l'École de médecine)

1851

PRÉFACE.

Le *Petit Traité d'analyse grammaticale* a été autorisé par le conseil de l'Instruction publique, dans sa séance du 10 novembre 1843, et honoré, la même année, d'une médaille de la Société pour l'instruction élémentaire. La première édition étant épuisée, nous avons cru devoir déférer aux conseils d'un grand nombre de maîtres, qui nous ont dit que le livre aurait une bien plus grande utilité pratique si nous le divisions en deux parties, l'une destinée spécialement aux élèves, l'autre réservée aux maîtres.

C'est là ce que nous avons fait. Nous avons, en outre, augmenté un peu le nombre des sujets, et introduit dans chacun d'eux une division en phrases numérotées qui en rendra l'usage très-commode, puisque chacune de ces phrases pourra être indiquée aux élèves comme matière d'un devoir de moyenne longueur.

Les corrigés de tous ces devoirs se trouvent, avec tous les détails théoriques et la discussion des principes, dans le volume destiné aux maîtres et à ceux qui veulent s'instruire seuls ; il ne reste dans celui des élèves qu'un recueil de sujets, avec les modèles indispensables, et le résumé succinct des définitions ou règles de grammaire dont l'analyse exige à tout moment l'application.

Nous y ajoutons ici même les conseils suivants, que nous adressons directement aux écoliers sur la disposition matérielle de leurs analyses, et qui peuvent se formuler ainsi.

1°. Écrire en tête de leur copie le texte donné ;

2°. Mettre en marge, dans leurs analyses, tous les mots du texte, de manière qu'ils ne se confondent pas avec l'explication ajoutée. Il est évident pour tout le monde que cette disposition est plus avantageuse que celle qui met dans une page, sans alinéa ni séparation d'aucune sorte, le texte et les explications ; presque tous les élèves, d'ailleurs, en usent ainsi ; il suffira donc, pour obtenir ce résultat sans exception, que les maîtres en fassent dans leurs classes la recommandation formelle et répétée.

3°. Après chaque mot du texte, donner son *thème*, c'est-à-dire la forme sous laquelle un mot se trouve dans le dictionnaire, et ses formes primitives, s'il en a plusieurs. Ainsi, le *thème* de *je recevrais*, c'est *recevoir* ; il faut y ajouter *recevant, reçu, je reçois, je reçus*, sans lesquels on ne pourrait pas conjuguer le verbe tout entier. — En français, cette partie ne se met que pour les verbes ; pour les autres mots, le *thème* est si simple qu'on ne l'exprime pas ;

4°. Après le thème, et à droite, écrire l'*espèce* du mot bien déterminée : c'est ce qu'on fait en général ; du moins c'est par là que l'on commence ;

5°. Indiquer ensuite les *formes* ou *accidents* du mot donné, c'est-à-dire son *genre*, son *temps*, son *mode*, sa *personne*, etc.

6°. Exprimer les *rapports syntaxiques* des mots dans la phrase, c'est-à-dire les raisons qui ont fait choisir telle ou telle forme plutôt que telle autre. Cette dernière partie, la plus avancée de toutes, est aussi celle qui manque le plus souvent ; et, comme elle n'est pas plus difficile que les autres, un avertissement donné une fois suffira pour qu'on ne la néglige nulle part.

7°. Écrire les analyses en toutes lettres, et rejeter toutes les abréviations. Il est bien plus facile d'écrire tout que d'abréger d'une manière satisfaisante ; l'économie de temps obtenue en écrivant *sing.* ou *singul.* pour *singulier* ne vaut pas la peine qu'on se donne pour trouver la bonne abréviation. D'ailleurs, presque tous les élèves oublient les points après les mots abrégés, ce qui fait fourmiller les fautes d'orthographe : et, de plus, en abrégeant toujours davantage, ils réduisent ces mots à une ou deux lettres, et deviennent ainsi inintelligibles ; car *N.* signifiera également *nom*, *négation*, *nombre* ; *S. substantif, singulier, simple* ;

C. *commun, conjonction, conjonctif, composé;*
P. *propre, pluriel, passé, prétérit, plus-que-parfait, préposition.* Comment s'y reconnaître?

Il ne doit y avoir d'exception à cette règle que pour les verbes très-réguliers dont on donne les parties et où le radical reste le même, comme *chanté, ant, é, je chante, je chantai;* la répétition constante du radical *chant* allongerait inutilement un devoir toujours très-long.

Voilà ce que les élèves doivent faire; voici maintenant ce qu'ils doivent éviter :

1°. Il y a, dans la grammaire, des termes synonymes; ils ne doivent jamais en prendre qu'un. Ne dites pas, par exemple : *aimer, verbe actif, ou mieux, transitif.* Si *transitif* vous a été indiqué comme préférable, prenez-le; ne donnez pas les deux mots, comme pour en laisser le choix à votre maître.

2°. Il y a des détails qui font double emploi; évitez-les. Ne dites pas, par exemple, que le verbe *être* est de la quatrième conjugaison *parce que son infinitif est en* RE; ceux qui distinguent quatre conjugaisons dans les verbes français sont convenus de regarder comme de la quatrième ceux dont l'infinitif est en *re;* les deux expressions sont donc synonymes. Répéter l'une à propos de l'autre, c'est faire un double emploi bien inutile.

3°. Il y a des mots qui s'écrivent et se prononcent de même au singulier et au pluriel (*fils, voix*, *nez*, etc.); au masculin et au féminin (*mes*, *les*, *tes*, *nos*, *vos*, *leurs*); à la première et à la seconde personne (*je reçois, tu reçois, je finis, tu finis*, etc.), etc. Ce sont là des faits de grammaire qu'il faut savoir, sans doute, mais qui ne doivent pas trouver place dans l'analyse grammaticale. Ainsi, dans *la voix du rossignol*, ne dites pas que *voix* est *du singulier ou du pluriel*; il est ici du singulier seulement, et vous devez le marquer ainsi.

4°. Il y a des verbes assez nombreux qui tantôt prennent un complément direct, tantôt n'en prennent pas, ou n'en ont qu'un indirect. Ils sont donc tantôt *transitifs directs*, tantôt *transitifs indirects*, tantôt *intransitifs*. Tel est, par exemple, *passer*, puisque l'on dit : *passer la mer, passer à l'ennemi*, et, absolument, *le temps passe*. Mais, dans une phrase donnée, il ne joue pas à la fois ces trois rôles : il n'en a qu'un, que l'élève doit indiquer exclusivement, comme on le peut voir dans nos modèles d'analyse sur le mot *passa*.

5°. Les élèves ne doivent pas revenir, à propos de chaque mot, sur les règles ou définitions qui s'y rapportent. Dans *un savant homme*, dites que *un* est un *adjectif de nombre cardinal*; n'ajoutez pas pourquoi on l'appelle ainsi. *Homme* est un *nom commun*, et *savant* un *adjectif qualificatif*. Ne dites pas pourquoi on les classe de cette manière : c'est la grammaire qui doit le dire. L'analyse explique simplement comment les mots se classent, s'accordent ou se régissent ; elle n'a pas à rendre compte des raisons qui ont déterminé les grammairiens. Si le maître, ou celui qui vous interroge, veut avoir de vous ces détails, il faut qu'il vous les demande expressément, dans une suite de questions faites sur les points qui l'intéressent, l'analyse n'a point du tout à s'en occuper.

Les défauts signalés ici méritent d'autant plus qu'on y fasse attention, qu'ils ont été remarqués par l'auteur, pendant plusieurs années, sur des élèves très-nombreux, et appartenant à toutes les écoles primaires de Paris. Ainsi, ce n'est pas un mal imaginaire, c'est un mal bien réel qu'il s'agit de détruire, et dont heureusement le **remède** est aussi simple que certain.

PRÉCEPTES ET SUJETS
D'ANALYSE GRAMMATICALE.

LEÇON Ire.

Définition. — Espèces des mots.

L'*Analyse grammaticale* est un exposé par lequel on fait connaître exactement les espèces des mots, leurs formes accidentelles, et les rapports qui les lient entre eux dans les phrases où ils entrent.

Il y a huit espèces de mots : 1° le *Nom*, autrement nommé *Substantif;* 2° l'*Adjectif* (qui comprend l'*Article* et le *Participe*); 3° le *Pronom;* 4° le *Verbe;* 5° l'*Adverbe;* 6° la *Préposition;* 7° la *Conjonction;* 8° l'*Interjection*.

On se bornera, dans les exercices suivants, à énoncer l'espèce des mots.

EXERCICES.

Ier SUJET.

Le prince dépouillé passa la mer et vint chercher un asile dans la cour de Portugal. (Vertot, *Révolutions de Portugal*.)

MODÈLE D'ANALYSE.

Le, article.
prince, nom.
dépouillé, participe.
passa, verbe.
la, article.

mer, nom.
et, conjonction.
vint, verbe.
chercher, verbe.
un, adjectif.

asile, nom.
dans, préposition.
la, article.

cour, nom.
de, préposition.
Portugal, nom.

IIe SUJET.

(1) L'homme a fléchi par adresse même les créatures inanimées. (2) La terre a été forcée à lui donner des aliments plus convenables ; les plantes à corriger leur aigreur sauvage ; les venins même à se tourner en remèdes pour lui. (Bossuet, *Sermons*.)

MODÈLE D'ANALYSE.

(1) *L'*, pour *le*, article.
homme, nom.
a fléchi, verbe.
par, préposition.
adresse, nom.
même, adverbe.
les, article.
créatures, nom.
inanimées, adjectif.
(2) *La*, article.
terre, nom.
a été, verbe.
forcée, participe.
à, préposition.
lui, pronom.
donner, verbe.
des, pour *de les*.
de, préposition.
les, article.
aliments, nom.

plus, adverbe.
convenables, adjectif.
les, article.
plantes, nom.
à, préposition.
corriger, verbe.
leur, adjectif.
aigreur, nom.
sauvage, adjectif.
les, article.
venins, nom.
même, adverbe.
à, préposition.
se, pronom.
tourner, verbe.
en, préposition.
remèdes, nom.
pour, préposition.
lui, pronom.

IIIe SUJET.

Portrait de l'ambitieux. — (1) Un ambitieux ne connaît de loi que celle qui le favorise. (2) Le crime qui l'élève est pour lui comme une vertu qui l'ennoblit. (3) Ami infidèle, l'amitié n'est plus rien pour lui dès qu'elle intéresse sa fortune. (4) Mauvais citoyen, la vérité ne lui paraît estimable qu'autant qu'elle lui est utile. (5) Le mérite qui entre en concurrence avec lui est un ennemi auquel il ne pardonne point. (6) L'intérêt public cède toujours à son intérêt propre. (7) Il éloigne les hommes capables et se substitue à leur place. (8) Il sacrifie à ses jalousies le salut de l'État. (9) Il verrait avec moins de regret les affaires publiques périr entre ses mains, que sauvées par les soins et les lumières d'un autre. (Massillon, *Petit-Carême*, 1er dimanche.)

IVe SUJET.

(1) L'éléphant n'a le sens du toucher, pour ainsi dire, que dans la trompe. (2) Mais il est aussi délicat, aussi distinct dans cette espèce de main que dans celle de l'homme. (3) Cette trompe, composée de membranes, de nerfs et de muscles, est en même temps un membre capable de mouvement et un organe de sentiment. (4) L'animal peut non-seulement la remuer et la fléchir, mais il peut la raccourcir, l'allonger, la courber et la tourner en tout sens. (5) L'extrémité de la trompe est terminée par un rebord qui s'allonge en forme de doigt. (6) C'est par le moyen de ce rebord et de cette espèce de doigt que l'éléphant fait tout ce que nous faisons avec nos doigts. (7) Il ramasse à terre les plus petites pièces de monnaie. (8) Il cueille les herbes et les fleurs en les choisissant une à une. (9) Il dénoue les cordes, ouvre et ferme les portes en tournant les clefs et poussant les verrous. (10) Il apprend à tracer des caractères réguliers avec un instrument aussi petit qu'une plume. (Buffon, *Histoire naturelle de l'éléphant*.)

Ve SUJET.

(1) Le bracelet est un ornement du bras, dont l'origine se perd dans les temps les plus reculés, et dont l'usage s'est perpétué jusqu'à nous. (2) Du temps des patriarches, les hommes même portaient des bracelets comme les femmes. (3) Cette mode subsiste encore aujourd'hui chez plusieurs peuples de l'Orient. (4) Le bracelet ancien a eu différentes formes. (5) Chez les Grecs et chez les Romains, les femmes portaient des bracelets qui avaient la figure d'un serpent ou la forme d'un cordon rond terminé par deux têtes de serpent. (6) Tantôt ces bracelets entouraient la partie supérieure du bras, tantôt ils étaient placés sur le poignet. (7) Les

femmes portaient encore des bracelets faits en forme de tresse. (8) Les Sabins, au rapport de Tite-Live, en avaient d'or et de fort pesants qu'ils portaient au bras gauche. (9) Ce n'est que sous Charles sept que les Françaises prirent les bracelets avec les pendants d'oreilles et les colliers. (10) Le bracelet est aujourd'hui un ornement précieux par les perles et les diamants dont il est quelquefois enrichi. (11) Il se porte ordinairement au poignet. (*Dictionnaire des origines.*)

LEÇON II.

Sous-divisions des espèces de mots.

On distingue parmi les substantifs :

1°. Les noms *propres*, comme *Buffon*, la *Seine*, les *Français*, etc.

2°. Les noms *communs*, comme *homme, cheval, bassin,* etc.

3°. Les noms *collectifs*, qui expriment une réunion de choses de même espèce, comme *douzaine, centaine, multitude,* etc.

4°. Les noms *partitifs*, qui expriment une partie d'un tout, comme *la plupart, la moitié.*

5°. Quelques noms généraux de personne ou de chose, comme *on, l'on, personne, autrui, ce, ceci, cela, rien,* qui marchent ordinairement sans article.

Parmi les adjectifs, il faut distinguer :

1°. Les adjectifs *qualificatifs*, comme *bon, sage, aimable.*

2°. Les adjectifs *déterminatifs*.

Ceux-ci se divisent en plusieurs sections, savoir : les adjectifs *possessifs, mon, ma, mes, ton, ta, tes, son, sa, ses, notre, nos, votre, vos, leur, leurs, mien, mienne, miens, miennes, tien, tienne, tiens, tiennes, sien, sienne, siens, siennes, nôtre, nôtres, vôtre, vôtres, leur, leurs :* l'article, *le, la, les,* simple sous cette forme, et *contracté* dans *au, aux, du, des;* l'adjectif *démonstratif, ce, cet, cette, ces;* les adjectifs *indéfinis,* comme *chaque, quelque, plusieurs, tout, aucun, nul, autre :* les adjectifs *conjonctifs, qui, que, quel, quelle, quels, quelles, lequel, laquelle, lesquels, lesquelles :* les adjectifs de nombres *cardinaux, un, une, deux, trois, quatre,* etc., et les *ordinaux, premier, second, troisième, quatrième,* etc.

Un adjectif peut être pris tout seul, sans qualifier, ni déterminer aucun substantif ; on dit alors qu'il est *pris substantivement.* Tel est le mot *tout,* dans cette phrase *tout est perdu;* et *vrai* dans celle-ci : *le vrai seul est aimable.*

On distingue parmi les pronoms :

1°. Les pronoms *personnels* directs, *je, me, moi, tu, te, toi, il, elle, le, la, lui, nous, vous, ils, elles, les, leur, eux.*

2°. Le pronom réfléchi, *se, soi.*

3°. Les pronoms démonstratifs, *celui, celle, ceux, celles,* et les composés, *celui-ci, celle-ci, ceux-ci, celles-ci, celui-là, celle-là, ceux-là, celles-là.*

Parmi les verbes, on distingue :

1°. Le verbe *être,* qui est le seul de son espèce ;

2°. Tous les autres verbes qu'on appelle *attributifs,* et qui comprennent les *transitifs directs,* les *transitifs indirects,* les *intransitifs* et les *impersonnels.*

Les *transitifs directs* sont ceux qui prennent leur complément sans préposition, comme *aimer son père.*

Les *transitifs indirects* sont ceux qui prennent un

complément avec préposition, comme *plaire à ses parents*.

Les *intransitifs* sont ceux qui ne prennent pas de complément, comme *languir, dormir*.

Les verbes *impersonnels* sont ceux qui ne sont employés qu'à la troisième personne du singulier, comme *il faut*.

On distingue parmi les adverbes :

1°. Les adverbes *de manière*, tirés presque tous d'adjectif : *longuement, tristement, rapidement*.

2°. Les adverbes *d'affirmation, oui, si, si fait, certes, assurément*, etc.

3°. Les adverbes *de négation, ne, non, nenni, nullement*.

4°. Enfin, les adverbes de *temps*, de *lieu*, de *quantité*[1].

On remarque parmi les prépositions celles qui sont exprimées en un seul mot et qui sont les seules prépositions véritables, et les *locutions prépositives*, composées de plusieurs mots, comme *eu égard à, jusqu'à, au-dessus de*, etc.

On remarque de même, parmi les conjonctions, celles qui sont exprimées en un seul mot, qui sont les seules conjonctions véritables et les *locutions conjonctives* composées de plusieurs mots, comme *tant que, tandis que, pourvu que*, etc.

Déterminons maintenant les sous-divisions qui viennent d'être établies dans les exercices suivants.

---

[1]. Les adverbes de lieu sont, par exemple, *ici, là, loin, près, ailleurs*; les adverbes de temps, *demain, hier, jamais, longtemps, toujours*; les adverbes de quantité, *beaucoup, combien, peu, plus, moins, trop, tant*, etc. Ces mots ne doivent être donnés comme adverbes que quand ils déterminent un verbe ou un adjectif. Ce sont de vrais noms de lieu, de temps ou de quantité, quand ils sont sujets de phrase ou compléments de préposition, ou précédés de l'article.

ESPÈCES DES MOTS.

EXERCICES.

Ier SUJET.

Le prince dépouillé passa la mer, et vint chercher un asile dans la cour de Portugal.

MODÈLE D'ANALYSE.

Le, article simple.
prince, nom commun.
dépouillé, participe.
passa, verbe attributif, transitif direct [1].
la, article simple.
mer, nom commun.
et, conjonction.
vint, verbe intransitif.

chercher, verbe transitif direct.
un, adjectif de nombre cardinal.
asile, nom commun.
dans, préposition.
la, article simple.
cour, nom commun.
de, préposition.
Portugal, nom propre de pays.

IIe SUJET.

(1) L'homme a fléchi par adresse même les créatures inanimées. (2) La terre a été forcée à lui donner des aliments plus convenables; les plantes à corriger leur aigreur sauvage; les venins même à se tourner en remèdes pour lui.

MODÈLE D'ANALYSE.

1) Le, article simple.
homme, nom commun.
a fléchi, verbe transitif direct.
par, préposition.
adresse, nom commun.
même, adverbe.
les, article simple.
créatures, nom commun.
inanimées, adjectif qualificatif.
2) La, article simple.
terre, nom commun.

a été, verbe être.
forcée, participe passé.
à, préposition.
lui, pronom de la troisième personne.
donner, verbe transitif direct.
des, article contracté.
aliments, nom commun.
plus, adverbe.
convenables, adjectif qualificatif.

1. Tous les verbes étant attributifs excepté le verbe *être*, on n'ajoute plus cette qualité, et je la supprimerai dorénavant.

les, article simple.
plantes, nom commun.
à, préposition.
corriger, verbe transitif direct.
leur, adjectif possessif.
aigreur, nom commun.
sauvage, adjectif qualificatif.
les, article simple.
venins, nom commun.

même, adverbe.
à, préposition.
se, pronom réfléchi.
tourner, verbe transitif direct.
en, préposition.
remèdes, nom commun.
pour, préposition.
lui, pronom direct de la troisième personne.

IIIe SUJET.

La jalousie. — (1) De quoi n'est pas capable un cœur que la jalousie noircit et envenime? (2) Non-seulement on applaudit à l'imposture, mais on ne craint pas de s'en rendre coupable soi-même. (3) Ces pontifes, témoins des prodiges et de la sainteté de Jésus-Christ, ne pouvant ignorer qu'il est fils de David et descendu des rois de Juda, ayant appris de sa propre bouche qu'il fallait rendre à Dieu ce qui est à Dieu et à César ce qui est à César, le font pourtant passer pour un séditieux et un ennemi de César. (Massillon, *Petit-Carême*.)

IVe SUJET.

(1) L'Arabe, qui se destine au métier de pirate de terre, s'endurcit de bonne heure à la fatigue des voyages. (2) Il s'essaye à se passer du sommeil, à souffrir la faim, la soif et la chaleur. (3) En même temps il instruit ses chameaux, il les élève et les exerce dans cette même vue. (4) Peu de jours après leur naissance, il leur plie les jambes sous le ventre, il les contraint à demeurer à terre, et les charge dans cette situation d'un poids assez fort qu'il les accoutume à porter, et qu'il ne leur ôte que pour leur en donner un plus fort. (5) Au lieu de les laisser paître à toute heure et boire à leur soif, il commence par régler leurs repas, et peu à peu il les éloigne à de grandes distances, en diminuant aussi la quantité de nourriture. (6) Lorsqu'ils sont un peu forts, il les exerce à la course. (7) Il les excite par l'exemple des chevaux, et parvient à les rendre aussi légers et plus robustes (Buffon, *Histoire naturelle du chameau*.)

V° SUJET.

(1) Au mois d'avril mil sept cent soixante-quatorze, Louis quinze, allant à la chasse, rencontra un convoi et s'approcha du cercueil. (2) Comme il aimait à questionner, il demanda qui on enterrait. (3) On lui dit que c'était une jeune fille morte de la petite vérole. (4) Saisi d'une soudaine terreur, il rentra dans son palais, et fut, deux jours après, atteint de la cruelle maladie dont le nom seul l'avait effrayé. (5) Il était frappé à mort : son sang se décomposa ; la gangrène se déclara ; il mourut. (6) On couvrit son corps de chaux, et on l'emporta sans aucune cérémonie à Saint-Denis. (7) Quarante jours après, on célébra ses obsèques et on le plaça avec pompe dans la tombe de ses aïeux. (De Ségur, *Souvenirs et anecdotes*.)

VI° SUJET.

(1) En France, on juge rarement des hommes par des avantages qui fassent connaître le bon sens. (2) On les juge par des manières, dont l'applaudissement finit aussitôt que la fantaisie qui les a fait naître... (3) Un des grands défauts de la nation française est de ramener tout à elle, jusqu'à nommer étrangers dans leur propre pays ceux qui n'ont pas bien son air ou ses manières. (4) De là vient qu'on lui reproche justement de ne savoir estimer les choses que par le rapport qu'elles ont avec elle. (Saint-Evremond.)

LEÇON III.

Formes accidentelles des mots.

On appelle *accidents* ou *formes accidentelles*, les changements que les mots variables, c'est-à-dire le nom, l'adjectif, le pronom et le verbe, peuvent recevoir.

Les noms sont du *masculin* ou du *féminin*, du singulier ou du *pluriel*. Le masculin, le féminin, le singulier, le pluriel, sont les accidents des noms.

Les adjectifs ont aussi des genres et des nombres; de plus, ils ont presque tous une forme *adverbiale*, et des *degrés de signification*.

Les pronoms varient selon les *trois personnes*, et, de plus, ils changent de forme selon qu'ils sont sujets ou compléments.

Les verbes ont des *modes*, des *temps*, des *personnes*. Il y a trois personnes au singulier et trois au pluriel, comme dans les pronoms.

Les modes sont l'*indicatif*, le *conditionnel*, l'*impératif*, le *subjonctif*, l'*infinitif* et le *participe*.

Les quatre premiers sont appelés *modes personnels*, c'est-à-dire qu'ils ont les trois personnes au singulier et au pluriel.

L'infinitif et le participe sont appelés *modes impersonnels*, c'est-à-dire qu'on n'y distingue pas les personnes.

On compte un ou plusieurs *temps simples* à chaque mode.

L'indicatif en a quatre : le *présent*, l'*imparfait*, le *prétérit* et le *futur*.

Le conditionnel et l'impératif ont un seul temps simple : le *présent*.

Le subjonctif en a deux : le *présent* et l'*imparfait*.

L'infinitif en a deux : le *présent*, comme *frapper*; et le *passé simple*, comme *frappé*, qui est invariable et n'est employé qu'avec le verbe *avoir*.

Le participe a deux temps aussi : le *présent*, comme *frappant*; et le *passé*, comme *frappé*, qui diffère de l'infinitif passé simple, en ce qu'il est variable et s'emploie avec le verbe *être* : *frappé, frappée, frappés, frappées.*

Tous les temps des verbes réguliers se forment du *présent* de l'infinitif, du *présent* ou du *passé* du participe, du *présent* ou du *prétérit* de l'indicatif, par le changement de la terminaison.

Ces cinq temps sont donc appelés les *temps primitifs* ou les *parties des verbes.*

Il est utile de les indiquer toutes les fois qu'on analyse un verbe, et de dire, par exemple, *j'avais*, de *avoir, ayant, eu, j'ai, j'eus,* parce qu'ils permettent de recomposer toute la conjugaison.

Voici quelques exercices où il faudra indiquer non-seulement l'espèce et la sous-espèce, mais aussi les formes accidentelles des mots.

EXERCICES.

Ier SUJET.

Le prince dépouillé passa la mer, et vint chercher un asile dans la cour de Portugal.

MODÈLE D'ANALYSE.

Le, article simple masculin singulier.

prince, nom commun masculin singulier.

dépouillé, de *dépouiller, dépouillant, dépouillé, je dépouille, je dépouillai*, participe passé, au singulier masculin.

passa, de *passer, sant, sé, je passe, je passai*, verbe transitif direct, à la 3e personne du singulier du prétérit de l'indicatif.

la, article simple féminin singulier.

mer, nom commun féminin singulier.

et, conjonction.

vint, de *venir, venant, venu, je viens, je vins*, verbe intransitif à la 3e personne du singulier du prétérit de l'indicatif.

chercher, de *chercher*, *chant*, *ché*, je *cherche*, je *cherchai*, verbe transitif direct à l'infinitif présent.
un, adjectif de nombre cardinal, masculin singulier.
asile, nom commun masculin singulier.
dans, préposition.
la, article simple féminin singulier.
cour, nom commun féminin singulier.
de, préposition.
Portugal, nom propre de pays, masculin singulier.

IIe SUJET.

(1) L'homme a fléchi par adresse même les créatures inanimées. (2) La terre a été forcée à lui donner des aliments plus convenables; les plantes à corriger leur aigreur sauvage; les venins même à se tourner en remèdes pour lui.

MODÈLE D'ANALYSE.

(1) *Le*, article simple masculin singulier.
homme, nom commun masculin singulier.
a fléchi, de *fléchir*, *issant*, *i*, je *fléchis*, je *fléchis*, verbe transitif direct à la troisième personne du singulier du parfait de l'indicatif.
par, préposition.
adresse, nom commun féminin singulier.
même, adverbe.
les, article simple féminin pluriel.
créatures, nom commun féminin pluriel.
inanimées, adjectif qualificatif féminin pluriel.
(2) *La*, article simple féminin singulier.
terre, nom commun féminin singulier.
a été, de *être*, *étant*, *été*, je *suis*, je *fus*, verbe à la troisième personne du singulier du parfait de l'indicatif.
forcée, participe passé féminin singulier.
à, préposition.
lui, pronom direct de la troisième personne, singulier masculin.
donner, de *donner*, *ant*, *é*, je *donne*, je *donnai*, verbe transitif direct au présent de l'infinitif.
des, article contracté masculin pluriel.
aliments, nom commun masculin pluriel.
plus, adverbe.
convenables, adjectif qualificatif masculin pluriel.
les, article simple féminin pluriel.
plantes, nom commun féminin pluriel.
à, préposition.
corriger, de *corriger*, *geant*,

gé, je corrige, je corrigeai, verbe transitif direct au présent de l'infinitif.

leur, adjectif possessif féminin singulier.

aigreur, nom commun féminin singulier.

sauvage, adjectif qualificatif féminin singulier.

les, article simple masculin pluriel.

venins, nom commun masculin pluriel.

même, adverbe.

à, préposition.

se, pronom réfléchi de la troisième personne, masculin pluriel

tourner, de *tourner, nant, né, je tourne, je tournai*, verbe transitif direct au présent de l'infinitif.

en, préposition.

remèdes, nom commun masculin pluriel.

pour, préposition.

lui, pronom direct de la troisième personne, masculin singulier.

III° SUJET.

(1) Bientôt Apollon montra à tous ces bergers les arts qui peuvent rendre la vie agréable. (2) Il chantait les fleurs dont le printemps se couronne; les parfums qu'il répand et la verdure qui naît sous ses pas. (3) Puis il chantait les délicieuses nuits de l'été, où les zéphyrs rafraîchissent les hommes et où la rosée désaltère la terre. (4) Il mêlait aussi dans ses chansons les fruits dorés dont l'automne récompense les travaux des laboureurs, et le repos de l'hiver, pendant lequel la folâtre jeunesse danse auprès du feu. (5) Enfin, il représentait les forêts sombres qui couvrent les montagnes et les creux vallons où les rivières, par mille détours, semblent se jouer au milieu des riantes prairies. (Fénelon, *Télémaque*, liv. II.)

IV° SUJET.

La tente qui marche. — (1) A deux cents pas de nous, nous voyions une grande, haute et immense tente qui marchait toute seule sur l'herbe et s'avançait de notre côté. (2) Malgré la hauteur des herbes, nous courûmes assez vite tous deux pour mieux distinguer ce phénomène singulier. (3) Bientôt la tente s'arrêta, et nous vîmes une trentaine de Kalmouks qui en sortaient. (4) Alors tout me fut expliqué; voici la structure de ces tentes. (5) On fait avec des lattes une espèce de treillage dont on compose une sorte de parc circulaire. (6) Sur le tout, on jette une immense couverture de toile de poil de chameau, qui descend jusqu'à terre. (7) Trente hommes peuvent habiter commodément dans une de ces tentes, autour desquelles couchent leurs troupeaux. (8) Lorsqu'ils décampent, ils enlèvent la couverture, ôtent les chevilles, ploient toutes les lattes en faisceaux et mettent le tout sur un chariot. (9) Mais lorsqu'ils ne veulent que changer de place pour chercher des pâturages à peu de distance, alors, sans rien déranger à la tente, les Kalmouks qui sont dedans se tournent tous dans la même direction, soulèvent le treillage et marchent ainsi en portant leur légère maison. (De Ségur, *Souvenirs et anecdotes*.)

Ve SUJET.

L'ardoise. — (1) L'ardoise est une substance minérale très-répandue dans la nature, dont les usages sont très-multipliés, mais qui n'a point été connue des anciens. (2) Les palais des Romains étaient couverts de tuiles, et non d'ardoises comme les nôtres. (3) On prétend que les premières ardoises ont été tirées du pays d'Ardes, en Irlande, d'où leur nom leur a été donné. (4) L'ardoise entre aussi dans la construction des bâtiments comme pierre à bâtir. (5) On l'emploie pour le carrelage des appartements ; on s'en sert également pour écrire, calculer et dessiner. (6) Ce sont les belles carrières d'Angers qui fournissent les ardoises nécessaires à la couverture des maisons de Paris ; (7) elles sont estimées durer de vingt à trente ans au plus. (8) Celles des Ardennes se conservent une centaine d'années. (*Dictionnaire des origines.*)

LEÇON IV.

Formes accidentelles composées.

Il y a dans la langue française un grand nombre de formes accidentelles composées, c'est-à-dire pour lesquelles on emploie à la fois plusieurs mots.

FORMES ACCIDENTELLES COMPOSÉES.

Dans les adjectifs qualificatifs, il y a trois degrés de signification : le *positif*, le *comparatif* et le *superlatif*.

Le *positif*, comme *sage*, est la forme simple des adjectifs; les autres formes sont composées : ce sont les *comparatifs d'égalité, de supériorité* et *d'infériorité*, comme *aussi sage, plus sage, moins sage*; le *superlatif absolu*, comme *très-sage*; et les *superlatifs relatifs*, comme *le plus sage, le moins sage*.

Dans les verbes, on distingue d'abord les temps composés de l'auxiliaire *avoir* ou de l'auxiliaire *être*: savoir, à l'indicatif, le *parfait*, comme *j'ai aimé, je suis venu*; le *plus-que-parfait, j'avais aimé, j'étais venu*; le *prétérit antérieur, j'eus aimé, je fus venu*; le *futur passé, j'aurai aimé, je serai venu*.

Au conditionnel, il y a aussi un *parfait, j'aurais aimé, je serais venu*; ainsi qu'à l'impératif, *aie aimé, sois venu*.

Au subjonctif, il y a le *parfait*, (que) *j'aie aimé*, (que) *je sois venu*; et le plus-que-parfait, (que) *j'eusse aimé*, (que) *je fusse venu*.

L'infinitif a le *parfait, avoir aimé, être venu*; ainsi que le participe, *ayant aimé, étant venu*.

En second lieu, il y a des verbes dont toute la conjugaison est composée, comme les verbes *passifs*, je *suis trompé*, je *suis frappé*; les verbes *réfléchis*, je *m'ennuie*, je me *trompe*. Parmi ceux-ci on distingue les réfléchis impersonnels, comme *il s'agit, il s'en faut*.

On peut maintenant chercher celles de ces formes qui se rencontrent dans les passages suivants :

EXERCICES.

Ier SUJET [1].

(1) L'homme a fléchi par adresse même les créatures inanimées. (2) La terre a été forcée à lui donner des aliments plus convenables; les plantes à corriger leur aigreur sauvage; les venins même à se tourner en remèdes pour lui.

MODÈLE D'ANALYSE.

(1) *Le*, article simple masculin singulier.
homme, nom commun masculin singulier.
a fléchi, de *fléchir*, *issant*, *i*, *je fléchis*, *je fléchis*, verbe transitif direct, à la troisième personne du singulier du parfait de l'indicatif.
par, préposition.
adresse, nom commun féminin singulier.
même, adverbe.
les, article simple féminin pluriel.
créatures, nom commun féminin pluriel.
inanimées, adjectif qualificatif féminin pluriel.
(2) *La*, article simple féminin singulier.
terre, nom commun féminin singulier.
a été forcée, de *forcer*, *çant*, *cé*, *je force*, *je forçai*, verbe transitif à la troisième personne du singulier du parfait de l'indicacatif passif.
à, préposition.
lui, pronom de la troisième personne, masculin singulier.
donner, de *donner*, *nant*, *né*, *je donne*, *je donnai*, verbe transitif direct au présent de l'infinitif.
des, article contracté masculin pluriel.
aliments, nom commun masculin pluriel.
plus convenables, adjectif qualificatif masculin pluriel, au comparatif de supériorité.
les, article simple féminin pluriel.
plantes, nom commun féminin pluriel.
à, préposition.
corriger, de *corriger*, *geant*, *gé*, *je corrige*, *je corrigeai*, verbe transitif direct au présent de l'infinitif.
leur, adjectif possessif féminin singulier.
aigreur, nom commun féminin singulier.

---

1. Je ne reproduis pas la phrase de Vertot, parce qu'elle ne contient aucun exemple de forme composée.

sauvage, adjectif qualificatif féminin singulier.
les, article simple masculin pluriel.
venins, nom commun masculin pluriel.
même, adverbe.
à, préposition.
se tourner, de se tourner, ant, é, je me tourne, je me tournai, verbe réfléchi au présent de l'infinitif.
en, préposition.
remèdes, nom commun masculin pluriel.
pour, préposition.
lui, pronom de la troisième personne, masculin singulier.

IIe SUJET.

(1) En arrivant aux Rochers¹, j'ai trouvé ces bois d'une beauté et d'une tristesse extraordinaires. (2) Tous les arbres que vous avez vus petits sont devenus grands et droits et beaux en perfection; (3) ils sont élagués et font une ombre agréable. (4) Ils ont quarante et cinquante pieds de hauteur. (5) Songez que je les ai tous plantés et que je les ai vus, comme disait M. de Montbazon de ses enfants, pas plus grands que cela.... (6) Le vert en est cent fois plus beau que celui de Livry.... (7) Pour l'arbre bienheureux qui vous sauva la vie, je serais tentée d'y faire bâtir une chapelle. (8) Il me paraît plus grand, plus fier et plus élevé que les autres. (9) Il a raison, puisqu'il vous a sauvée. (10) Du moins je lui dirai la stance de Médor, dans l'Arioste, quand il souhaite tant de bonheur et tant de paix à un autre qui lui avait fait tant de plaisir. (Mme de Sévigné, *août*, 1675.)

IIIe SUJET.

Les pétrels. — (1) De tous les oiseaux qui fréquentent les hautes mers, les pétrels sont les plus marins. (2) Du moins ils paraissent être les plus étrangers à la terre, les plus hardis à se porter au loin, à s'écarter, et même à s'égarer sur le vaste Océan. (3) Car ils se livrent avec autant de confiance que d'audace au mouvement des flots, à l'agitation des vents, et paraissent braver les orages. (4) Les navigateurs, soit du côté des pôles, soit dans les autres zones, ont trouvé partout ces oiseaux qui semblaient les attendre, et même les devancer sur les parages les plus lointains et les plus orageux. (5) Partout

---

1. Propriété de madame de Sévigné, en Bretagne.

ils les ont vus se jouer avec sécurité, et même avec gaîté, sur cet élément terrible dans sa fureur, et devant lequel l'homme le plus intrépide est forcé de pâlir ; (6) comme si la nature l'attendait là pour lui faire avouer combien l'instinct et les forces qu'elle a départies aux êtres qui nous sont inférieurs ne laissent pas d'être au-dessus des puissances combinées de notre raison et de notre art. (Buffon, *Histoire naturelle des pétrels.*)

IVe SUJET.

Habileté de Turenne. — (1) Le malheur de Mariendal, arrivé par la faute d'un officier étranger, pouvait-il être plus glorieusement et plus utilement réparé que par cette présence admirable d'esprit avec laquelle M. de Turenne sauva tout le reste de l'armée? (2) Dans le trouble où de tels désastres jettent d'ordinaire un général, on eût regardé comme un coup de prudence de faire approcher de nos frontières les troupes qu'il avait sauvées dans la déroute. (3) Mais notre héros, dont les vues étaient toujours plus étendues et plus justes que celles des autres hommes, leur donne le rendez-vous bien avant dans le pays ennemi. (4) Il favorise leur retraite, combattant plutôt en victorieux qu'en vaincu. (5) Il oblige par cette marche et par cette résolution, comme il l'avait prévu, plusieurs princes d'Allemagne de joindre leurs troupes aux siennes; (6) et, commandant peu de temps après l'aile gauche de l'armée du roi à la fameuse bataille de Nordlingen, la victoire y seconda si bien les efforts qu'il fit pour retenir la victoire dans notre parti, qu'elle mérita qu'on lui pardonnât de l'avoir abandonné au commencement de cette campagne. (Mascaron, *Oraison funèbre de Turenne.*)

Ve SUJET.

(1) La vie est un sommeil. (2) Les vieillards sont ceux dont le sommeil a été le plus long. (3) Ils ne commencent à se réveiller que quand il faut mourir. (4) S'ils repassent alors sur tout le cours de leurs années, ils ne trouvent souvent ni vertus ni actions louables qui les distinguent les unes des autres. (5) Ils confondent leurs différents âges. (6) Ils n'y voient rien qui marque assez pour mesurer le temps qu'ils

ont vécu. (7) Ils ont eu un songe confus, informe et sans aucune suite. (8) Ils sentent néanmoins, comme ceux qui s'éveillent, qu'ils ont dormi longtemps. (La Bruyère, *de l'Homme*.)

LEÇON V.
Relations syntaxiques des mots.

L'analyse, pour être complète, doit exprimer les relations des mots entre eux dans les phrases où ils entrent.

Un *nom* est *sujet* ou *complément*. S'il est sujet, on dit de quel verbe; s'il est complément, on dit de quel mot.

S'il est précédé d'une préposition, on dit qu'il est *complément de la préposition*, ou *complément indirect* du mot qui la précède.

L'*adjectif* se *rapporte* au nom; il s'accorde avec lui en *genre* et en *nombre*.

Le *pronom* se *rapporte* ordinairement à un ou plusieurs noms précédents; il s'accorde en *genre* et en *nombre* avec un nom unique : s'il se rapporte à plusieurs noms, on le met au pluriel; si les noms sont de différents genres, on le met au masculin.

Quand le pronom ne se rapporte à rien, comme dans les verbes impersonnels, il est du singulier, du masculin et de la troisième personne; on dit alors qu'il est *pris absolument*.

Le *verbe* s'accorde avec son sujet en *nombre* et en *personne*. Ce sujet est toujours *je*, *nous*, *tu* ou *vous* pour les deux premières personnes; pour la troisième, ce sont les pronoms *il, elle, ils, elles; celui, celle, ceux, celles;* un nom propre ou commun, ou quelque adjectif pris substantivement.

Les *participes* se rapportent comme tous les adjectifs à leur substantif ; mais le *participe présent* ne s'accorde pas toujours en genre ou en nombre.

Le *participe passé*, quand on l'emploie avec le verbe *avoir*, se rapporte au complément de ce verbe, si ce complément le précède et il s'accorde avec lui.

L'adverbe, ainsi que le nom ou l'adjectif *pris adverbialement*, se joint toujours à un verbe ou à un adjectif, dont il détermine la signification.

La *préposition* lie ordinairement deux mots et les met en rapport. Il est bon d'indiquer les mots qu'elle unit toutes les fois qu'il peut y avoir quelque doute.

La *conjonction* met deux propositions en rapport ; il est bon de marquer ces deux propositions. On peut les indiquer par leurs verbes pour éviter des longues répétitions.

EXERCICES.

Ier SUJET.

Le prince dépouillé passa la mer, et vint chercher un asile dans la cour de Portugal.

MODÈLE D'ANALYSE.

Le, article simple masculin singulier, se rapportant à *prince*.

prince, nom commun singulier masculin, sujet des verbes *passa* et *vint*.

dépouillé, de *dépouiller*, ant, é, je dépouille, je dépouillai, verbe transitif direct, au participe passé, singulier masculin, se rapporte à *prince*.

passa, de *passer*, ant, é, je passe, je passai, verbe transitif direct, à la 3e personne du singulier du prétérit de l'indicatif, se rapporte à son sujet *le prince*.

la, article simple féminin singulier, se rapporte à *mer*.

mer, nom commun singulier féminin, complément direct de *passa*.

et, conjonction, unit les deux portions de phrase *passa la mer*, *vint chercher*, etc.

vint, de *venir*, *venant*, *venu*, *je viens*, *je vins*, verbe transitif à la 3e personne du singulier du prétérit de l'indicatif, se rapporte à son sujet *le prince*.

chercher, de *chercher*, *ant*, *é*, *je cherche*, *je cherchai*, verbe transitif direct à l'infinitif présent, complément de *vint*.

un, adjectif de nombre cardinal masculin singulier, se rapportant à *asile*.

asile, nom commun masculin singulier complément de *chercher*.

dans, préposition, unit *chercher* à *cour*.

la, article simple féminin singulier, se rapportant à *cour*.

cour, nom commun féminin singulier, complément de la préposition *dans*.

de, préposition, met en rapport *cour* et *Portugal*.

Portugal, nom propre de pays, masculin singulier, complément indirect de *cour*.

IIe SUJET.

(1) L'homme a fléchi par adresse même les créatures inanimées. (2) La terre a été forcée à lui donner des aliments plus convenables; les plantes à corriger leur aigreur sauvage; les venins même à se tourner en remèdes pour lui.

MODÈLE D'ANALYSE.

(1) *Le*, article simple masculin singulier, se rapporte à *homme*.

homme, nom commun masculin singulier, sujet de *a fléchi*.

a fléchi, de *fléchir*, *issant*, *i*, *je fléchis*, *je fléchis*, verbe transitif direct à la troisième personne du singulier du parfait de l'indicatif, se rapporte à *l'homme*.

par, préposition, unit *adresse* à *a fléchi*.

adresse, nom commun féminin singulier, complément indirect de *a fléchi*.

même, adverbe, détermine *a fléchi*.

les, article simple féminin pluriel, se rapporte à *créatures*.

créatures, nom commun féminin pluriel, complément direct de *a fléchi*.

inanimées, adjectif qualificatif féminin pluriel, se rapporte à *créatures*.

(2) *La*, article simple féminin singulier, se rapporte à *terre*.

terre, nom commun féminin singulier, sujet de *a été forcée*.

a été forcée, de *forcer*, *çant*, *cé*, *je force*, *je forçai*, verbe transitif direct a la troisième personne du singulier du parfait de l'indicatif passif, se rapportant à *la terre*.

à, préposition, joint *donner* à *forcée*.

lui, pronom de la troisième personne masculin singulier, se rapportant à *homme*, complément indirect de *donner*.

donner, de *donner*, *ant*, *é*, *je donne*, *je donnai*, verbe transitif direct au présent de l'infinitif, complément de la préposition *à*.

des, article contracté masculin pluriel, se rapporte à *aliments*.

aliments, nom commun masculin pluriel, complément de *donner*.

plus convenables, adjectif qualificatif masculin pluriel, au comparatif de supériorité, se rapportant à *aliments*.

les, article simple féminin pluriel, se rapportant à *plantes*.

plantes, nom commun féminin pluriel, sujet de *ont été forcées*, sous-entendu.

à, préposition, unit *corriger* à *forcées*.

corriger, de *corriger*, *geant*, *gé*, *je corrige*, *je corrigeai*, verbe transitif direct au présent de l'infinitif, complément de *à*.

leur, adjectif possessif féminin singulier, se rapporte à *aigreur*.

aigreur, nom commun féminin singulier, complément direct de *corriger*.

sauvage, adjectif qualificatif féminin singulier au positif, se rapportant à *aigreur*.

les, article simple masculin pluriel, se rapporte à *venins*.

venins, nom commun masculin pluriel, sujet de *ont été forcés*, sous-entendu.

même, adverbe, détermine *forcés*, sous-entendu.

à, préposition, unit *se tourner* à *forcés*.

se tourner, de *se tourner*, *ant*, *é*, *je me tourne*, *je me tournai*, verbe réfléchi au présent de l'infinitif, complément de *à*.

en, préposition, unit *remèdes* à *se tourner*.

remèdes, nom commun masculin pluriel, complément indirect de *tourner*.

pour, préposition, unit *lui* à *tourner*.

lui, pronom de la troisième personne masculin singulier, complément de la préposition *pour*.

IIIᵉ SUJET.

(1) La morale élève un tribunal plus haut et plus redoutable que celui des lois. (2) Elle veut, non-seulement que nous évitions le mal, mais que nous fassions le bien. (3) Elle veut, non-seulement que nous paraissions vertueux, mais

que nous le soyons. (4) Car elle ne se fonde pas sur l'estime publique, qu'on peut surprendre, mais sur notre propre estime, qui ne nous trompe jamais. (Rivarol.)

IVe SUJET.

(1) La gloire des grands sur la terre a toujours à craindre, premièrement la malignité de l'envie qui cherche à l'obscurcir. (2) Quelle est la vie la plus brillante où l'on ne trouve des taches? (3) Où sont les victoires qui n'aient une de leurs faces peu glorieuse au vainqueur? (4) Quels sont les succès où les uns ne prêtent au hasard les mêmes événements dont les autres font honneur aux talents et à la sagesse? (5) Quelles sont les actions héroïques qu'on ne dégrade en y cherchant des motifs lâches et rampants? (6) En un mot, où sont les héros dont la malignité, et peut-être la vérité, ne fasse des hommes? (Massillon, *Petit Carême.*)

Ve SUJET.

La vraie et la fausse grandeur. — (1) La fausse grandeur est farouche et inaccessible. (2) Comme elle sent son faible, elle se cache, ou, du moins ne se montre pas de front, et ne se fait voir qu'autant qu'il faut pour imposer et ne paraître point ce qu'elle est, je veux dire une vraie petitesse. (3) La véritable grandeur est libre, douce, familière, populaire. (4) Elle se laisse toucher et manier, elle ne perd rien à être vue de près. (5) Plus on la connaît, plus on l'admire. (6) Elle se courbe par bonté vers ses inférieurs, et revient sans efforts dans son naturel. (7) Elle s'abandonne quelquefois, se néglige, se relâche de ses avantages, toujours en pouvoir de les reprendre et de les faire valoir. (8) Elle rit, joue et badine, mais avec dignité. (9) On l'approche tout ensemble avec liberté et avec retenue. (10) Son caractère est noble et facile, inspire le respect et la confiance et fait que les princes nous paraissent grands et très-grands, sans nous faire sentir que nous sommes petits. (La Bruyère, *du Mérite personnel.*)

VIe SUJET.

(1) Quand le temps a été venu que la puissance romaine devait tomber, et que ce grand empire qui s'était vai-

nement promis l'éternité devait subir la destinée de tous les autres, Rome, devenue la proie des barbares, a conservé par la religion son ancienne majesté. (2) Les nations qui ont envahi l'empire romain y ont appris peu à peu la piété chrétienne, qui adoucit leur barbarie. (3) Leurs rois, en se mettant chacun dans sa nation, à la place des empereurs, n'ont trouvé aucun de leurs titres plus glorieux que celui de protecteur de l'Église. (Bossuet, *Discours sur l'Histoire universelle*.)

VIIe SUJET.

(1) La cartomancie, ou l'art de deviner par le moyen des cartes, est une des branches de l'art divinatoire qui a compté les plus nombreux partisans. (2) Peut-on cependant rien imaginer de plus fou? (3) Quel homme sensé croira jamais que les arrangements fortuits des cartes puissent annoncer l'avenir? (4) ou que notre bonheur et notre malheur dépendent de celle que nous tirons par hasard? (5) Ajoutez que les règles et les pratiques de la cartomancie sont très-nombreuses et très-confuses, et que la valeur et la signification des cartes et de leurs arrangements ne sont pas les mêmes pour tous les cartomanciens. (6) Vous comprendrez difficilement alors l'aveuglement de ceux qui vont consulter ces devins ignorants et qui, au lieu suivre la raison pour la conduite de la vie, s'en remettent au hasard de figures arrondies ou pointues, coloriées en rouge ou en noir.

LEÇON VI.

Figures de construction.

Les figures de construction dont on a à s'occuper dans l'analyse grammaticale sont surtout l'*inversion* et l'*ellipse*.

On appelle *inversion* tout changement à l'ordre analytique des mots. Il y a donc inversion dans cette phrase : *De quoi vous plaignez-vous ?* car la construction naturelle serait : *Vous vous plaignez de quoi ?*

L'*ellipse* consiste dans le retranchement de quelque mot déjà exprimé, ou assez facile à sous-entendre pour qu'on ne l'exprime pas du tout. Quand nous disons : *D'où vient cette lettre ? de Paris,* il faut entendre : *elle vient de Paris,* quoique *elle vient* ne soit pas exprimé dans cette proposition.

Il faut que l'élève reconnaisse une ellipse, sans quoi il pourrait croire que, dans cette phrase : *C'est une lettre de Paris, de Paris* est complément de *la lettre,* tandis qu'il l'est de *venant, arrivant,* sous-entendu.

Outre l'inversion et l'ellipse, on compte encore deux figures de construction beaucoup moins communes et moins importantes : c'est le *pléonasme* et la *syllepse*.

Le *pléonasme* consiste à ajouter dans la phrase quelque mot qui n'est pas nécessaire au sens, qui même fait double emploi avec un autre, comme quand on dit : *Qu'est-ce que cela me fait à moi ?* Il est visible que *à moi* n'a pas d'autre sens que *me* placé devant *fait* ; c'est un pléonasme.

L'élève, après avoir dit que *me* est le complément indirect de *fait,* ne doit pas s'imaginer que *à moi* est autre chose. C'est le même complément redoublé. Il répétera donc la même analyse sur les deux mots, quitte à dire que c'est un pléonasme, si on lui fait l'objection qu'il se répète.

La *syllepse* consiste dans l'accord irrégulier de deux mots, comme quand on dit *bons jeunes gens,* où les adjectifs *bons* et *jeunes* sont au masculin, quoiqu'ils se rapportent au mot *gens*, qui de sa nature est féminin.

Il faut, dans une analyse bien faite, indiquer cette singularité d'accord : car si on analyse *bons* en disant *adjectif qualificatif pluriel masculin, se rapportant à gens*, il faut bien qu'on ajoute : *quoique ce nom soit naturellement féminin*.

EXERCICES.

Ier SUJET.

Ainsi puisse-t-il (le prince de Condé) vous être un cher entretien ! (Bossuet, *Oraison funèbre du prince de Condé*.)

MODÈLE D'ANALYSE.

Ainsi, adverbe déterminant un verbe sous-entendu, comme *je souhaite, je désire*.

puisse-t-il, pour *qu'il puisse*.

que, conjonction sous-entendue, unissant la phrase *il puisse* à *je souhaite*, sous-entendu.

puisse, de *pouvoir, vant, pu, je puis, je pus*, verbe transitif à la 3e personne du singulier du présent du subjonctif, se rapportant à son sujet *il* placé après lui.

il, pronom de la 3e personne, masculin singulier, se rapportant au prince de Condé, sujet du verbe *puisse*, et placé après lui, comme dans la conjugaison interrogative et exclamative. Le *t* est une lettre euphonique.

vous, pronom de la 2e personne du pluriel, complément indirect de *cher, un entretien cher à vous*.

être, de *être, étant, été, je suis, je fus*, verbe abstrait au présent de l'infinitif, complément de *puisse*.

un, adjectif de nombre cardinal, au masculin singulier, se rapportant à *entretien*.

cher, adjectif qualificatif masculin singulier, se rapportant à *entretien*, placé après lui.

entretien, nom commun masculin singulier.

IIe SUJET.

(1) Domptez votre colère, mon cher Achille. (2) Les dieux ne se laissent-ils pas fléchir, eux à qui appartient proprement la vertu, la force et la gloire ? (3) Tous les jours

les hommes, après les avoir offensés, parviennent à les apaiser par des vœux, par des sacrifices, par des prières....
(4) Les prières sont boiteuses, toujours humiliées, toujours les yeux baissés; elles marchent après l'injure. (5) Car l'injure altière, pleine de confiance en ses propres forces, les devance toujours. (6) Elle parcourt l'univers pour offenser les hommes, et les humbles prières la suivent pour guérir les maux qu'elle a faits. (Mme Dacier, trad. de l'*Iliade*, liv. IX.)

IIIe SUJET.

(1) Les païens, quand ils voulaient désarmer la colère des dieux, ne s'avisaient pas de renoncer à leur orgueil et à la haine qu'ils avaient pour leurs ennemis; (2) de pardonner les injures qu'ils avaient reçues; (3) de mortifier leur convoitise; (4) de s'humilier intérieurement devant Dieu par une vive douleur de n'avoir pas été vertueux; (5) de promettre une conversion de cœur et une réforme générale de leurs pensées, de leurs discours et leurs actes. (Bayle, *Sur la comète*.)

IVe SUJET.

(1) Bélise n'a rien qui soit à elle. (2) Son visage, le son de sa voix, tout est d'emprunt. (3) A l'égard de son esprit, elle répète le plus proprement du monde le sentiment des autres, et ne hasarde jamais le sien. (4) S'il lui arrive d'ouvrir la bouche, elle reste court, comme les oiseaux sifflés à la moitié d'un air qu'ils ont appris. (Mme de Staal, *la Mode*.)

Ve SUJET.

(1) Dans leur stupide oubli, les animaux mourants
Jettent sur le passé des yeux indifférents.
(2) Savent-ils s'ils ont eu des enfants, des ancêtres?
S'ils laissent des regrets? s'ils sont chers à leurs maîtres?
(3) Gloire, amour, amitié, tout est fini pour eux.
(4) L'homme seul, plus instruit, est aussi plus heureux.
(5) Pour lui, loin d'une vie en orages féconde,
Quand ce monde finit commence un autre monde;
(6) Et du tombeau qui s'ouvre à sa fragilité,
Part le premier rayon de l'immortalité.
(Delille, *les Trois Règnes*.)

LEÇON VII.

Gallicismes.

On appelle *gallicismes* certaines tournures de phrase propres à la langue française, et dont il est souvent fort difficile de rendre raison par les règles générales de la syntaxe.

Par exemple, dans cette phrase, *je ne sache pas qu'on en ait parlé*, le subjonctif *sache* est pris dans le sens d'un indicatif. L'élève doit le dire; car un subjonctif est toujours régi par quelque chose, et il n'y a ici ni verbe précédent ni conjonction qui l'appelle; c'est donc une tournure particulière à ce verbe-là, c'est un gallicisme.

De même, dans *il y a une rivière*, comme dans tous nos impersonnels, le pronom *il*, pris absolument, est un gallicisme, puisqu'il ne se rapporte à rien.

De plus, *y* est un gallicisme : car il signifie ordinairement *dans ce lieu*, et, dans *il y a*, on ne peut lui donner ce sens.

Enfin, *a* est un autre gallicisme : car *avoir* signifie ordinairement *posséder;* et ici il a tout à fait perdu cette signification.

Il ne faut donc pas s'efforcer d'analyser et d'expliquer ces mots séparément, parce qu'on n'y réussirait que difficilement ; il faut dire nettement que c'est le verbe *avoir* à la troisième personne du singulier du présent de l'indicatif, pris impersonnellement dans cette locution particulière à la langue française.

Rivière est ensuite le complément direct de *a*, et tout marche après cela comme dans une analyse ordinaire.

Il ne sera pas inutile de donner ici quelques exemples de ces formes de langage et de la manière dont on les explique.

Ce. — Dans *ce sont des fleurs*, le verbe semble ne pas s'accorder avec son sujet. Le gallicisme consiste dans une inversion. La construction serait : *des fleurs sont ce* (dont je parle).

Gens. — Les *gens trop délicats...* délicats, adjectif pluriel masculin, se rapporte à *gens*, quoique *gens* soit du féminin, parce que l'adjectif placé après ce nom se met au masculin.

Personne. — *Que personne ne soit assez hardi pour...* hardi, adjectif singulier masculin, se rapportant à *personne*, qui est naturellement féminin, dans *une personne, une jeune personne*; mais qui devient masculin dans le sens négatif ou exclusif de *aucune personne, aucun homme*.

Quelque chose. — Ce mot est un terme très-général, avec lequel on met l'adjectif au masculin, comme tout adjectif pris substantivement. *Quelque chose qui soit bon*, etc.

Combien. — *Combien d'hommes courent après la fortune....* courent, verbe à la 3ᵉ personne du pluriel, se rapportant à *combien*, qui est naturellement du singulier ; par exemple, dans *le combien ? combien avez-vous reçu ? combien d'eau coule dans cette rivière ?* et qui devient pluriel quand il s'applique à des choses qui se comptent et qui sont plusieurs.

Beaucoup. — *Beaucoup*, avec un complément pluriel, exprimé ou sous-entendu, prend son verbe au pluriel. *Beaucoup d'auteurs rapportent.... beaucoup prétendent....*

Peu. — *Peu*, dans le sens de *peu d'hommes*, surtout s'il est suivi d'un complément pluriel, veut son verbe au pluriel. *Peu d'hommes méprisent la richesse; peu estiment la vertu à son véritable prix.*

Plupart. — *La plupart des auteurs disent.... disent*, verbe à la 3ᵉ personne du pluriel, se rapportant à *la plupart*, qui est naturellement du singulier, mais qui veut son verbe au pluriel, à cause du nom pluriel qui le suit.

Moitié, quantité, etc. — *La moitié des maisons furent brûlées; quantité d'oliviers ont été gelés, une multitude de gens ont péri dans cette affaire, une multitude d'oiseaux de proie se précipitèrent.* Ces phrases s'analysent exactement de même que la précédente.

Vous. — *Vous n'êtes pas trahi.... trahi*, participe passé au singulier masculin, se rapportant à *vous*, pronom du pluriel, que la politesse française fait employer en parlant à une seule personne. Dans ce cas, le verbe se met au pluriel, comme son pronom; mais l'adjectif, quand il y en a un qui s'y rapporte, demeure au singulier.

Chacun. — Ils ont pris *chacun son chapeau* ou *chacun leur chapeau*; nous sommes partis *chacun de notre côté* ou *chacun de son côté*; ellipse et inversion. Dans *chacun son chapeau*, on rapporte *son* à *chacun*; dans *chacun leur chapeau*, on rapporte *leur* à *ils*; ils ont pris *leur chapeau* (savoir), *chacun* (a pris le sien).

Du, de la, des, partitifs. — *Donnez-moi du pain, apportez de l'eau, achetez des livres; du pain, de l'eau, des livres,* sont les compléments directs des verbes *donnez, apportez, achetez,* quoiqu'il y ait une préposition devant eux; mais la préposition *de*, prise dans un sens partitif, c'est-à-dire pour exprimer une partie indéterminée de quelque chose, perd son sens de préposition, et n'empêche pas le complément d'être direct.

De. — *Donnez-moi de beau pain, achetez de bons livres; de beau pain, de bons livres,* sont encore des compléments directs ; et l'on voit qu'on retranche l'article devant un adjectif; alors la préposition reste seule; on ne peut plus dire : *donnez-moi* du *beau pain, achetez* des *bons livres,* comme on le dirait s'il n'y avait pas d'adjectif.

Faire. — *Faire,* devant nos infinitifs, forme une locution composée, et donne un sens actif à tous les verbes : *faire sortir, faire repentir quelqu'un ; j'ai fait venir mes livres.* — Il est souvent utile de ne pas séparer, dans l'analyse, le verbe *faire* du verbe qui le suit.

Ne faire que. — *Ne faire que, ne faire que de* sont encore deux gallicismes remarquables. Le premier signifie *faire continuellement : il ne fait que chanter,* c'est-à-dire *il chante continuellement.* Le second veut dire *venir de faire, avoir fait tout à l'heure : il ne fait que de sortir,* c'est-à-dire *il n'y a qu'un instant qu'il est sorti.* L'explication analytique est évidemment pour le premier : *il ne fait que* (ceci) *chanter;* et pour le second : *il ne fait que* (ceci, savoir : il vient) *de sortir.*

Laisser. — Le verbe *laisser*, pris dans le sens de *permettre*, forme, avec l'infinitif présent d'un verbe, une locution composée : *laissez-le faire, je le laisserai passer.* — *Il s'est laissé tomber* est un verbe réfléchi du même genre, qu'il sera commode d'expliquer sans séparer les éléments.

Impersonnels. — *Il est glorieux de mourir pour sa patrie,* doit s'analyser rigoureusement; *il* (c'est-à-dire, *de mourir pour sa patrie*) *est glorieux.* Au contraire, si *il* se rapportait à un substantif déterminé précédemment, comme un jeune officier, un brave soldat, l'analyse serait : *il*, c'est-à-dire le soldat ou l'officier ; *est*, verbe ; *glorieux*, adjectif, ayant pour complément *de mourir pour sa patrie ;* c'est-à-dire : il est glorieux, parce qu'il meurt pour sa patrie.

Il tombe, il importe. — *Il tombe du brouillard, il importe d'étudier, s'il vous arrive de vous négliger,* etc. Ces impersonnels suivis d'un complément sont faciles à analyser par une inversion semblable. La véritable construction est : *Il* (c'est-à-dire, *d'étudier*) *importe; il* (savoir, *du brouillard*) *tombe,* etc.

Il y a. — *Il y a des gens bien méchants, il y avait des guirlandes,* etc., doit s'analyser sans décomposition. *Il y a* (*il y avait, il y a eu, il y aura,* etc.), verbe *avoir* à la 3e personne du singulier du présent indicatif, pris impersonnellement dans cette locution ; *des*, article composé pris dans le sens partitif ; *gens*, substantif pluriel, complément direct de *il y a.*

Impersonnels réfléchis. — *Il se fait, comment se fait-il ?.... il s'ensuit, il s'élève des vapeurs....* Ces impersonnels réfléchis s'expliquent par des inversions semblables aux précédentes ; *il s'élève des vapeurs*, équivaut à il (savoir, *des vapeurs*) s'élève ; *il s'ensuit que vous viendrez*, à il (savoir, *que vous viendrez*) s'ensuit, etc.

Que, conjonction. — *Je n'irai pas là que tout ne*

soit prêt. Il y a ellipse, c'est-à-dire, (à moins) *que tout ne soit prêt. Il ne dit que des sottises*; autre ellipse : *il ne dit* (rien autre chose) *que des sottises*.

Quelque.... que. — *Quelque.... que..., quel.... que..., tout.... que*; la supposition générale de toutes les choses d'une même espèce ou de toutes les modifications ou manières d'être de cette chose, se rend en français par *quelque, quel, tout*, suivis de *que*; *quelques droits que vous ayez, quels que soient vos droits, toute belle que vous êtes, toutes puissantes que soient vos paroles*. On voit que le verbe se met au subjonctif après *quelque que* et *quel que*, et au subjonctif ou à l'indicatif après *tout.... que*.

EXERCICES.

Iᵉʳ SUJET[1].

(1) Je supplierais humblement M. le surintendant[2] de se donner quelquefois la peine de faire *des choses* qui ne méritassent point que l'on en parlât, afin que j'eusse le loisir de me reposer. (2) Mais je crois qu'il *y serait aussi empêché que je le suis* à présent. (3) On dirait que la renommée n'est faite *que* pour lui seul, *tant il lui donne d'affaires* tout à la fois. (4) *Bien en prend* à cette déesse de ce qu'elle est née avec cent bouches. (5) *Encore n'en a-t-elle pas la moitié de ce qu'il faudrait* pour célébrer un si grand héros; (6) et je crois que, quand elle en aurait mille, il trouverait de *quoi les occuper* toutes. (La Fontaine, *Lettre à M. de Maucroix*, 22 août 1661.)

1. Je mettrai en italique les gallicismes à remarquer; et je n'analyserai dans le modèle qui suit que les phrases ou portions de phrases où ils entrent.
2. Il s'agit de Fouquet, surintendant des finances sous Louis XIV.

GALLICISMES.

MODÈLE D'ANALYSE.

....

(2) *Il*, pronom direct de la 3ᵉ personne du singulier, se rapportant à *M. le surintendant*, sujet de *serait*.

serait empêché, de *empêcher, ant, é, j'empêche, j'empêchai*, verbe transitif direct, à la 3ᵉ personne du singulier du conditionnel de la voix passive, se rapportant à *il*.

aussi, pour *autant*, parce qu'il est devant un participe, c'est-à-dire devant un adjectif.

y, pour *à cela*, nom de chose se rapportant à ce qui a été dit d'abord, qu'il devrait faire des choses plus communes. C'est là le gallicisme; on dit *y être empêché* pour *être embarrassé* dans quelque chose.

....

(3) *La*, article féminin singulier, se rapportant à *renommée*.

renommée, nom commun féminin singulier, pris ici comme le nom d'une déesse mythologique, sujet de *est*.

ne.... que, négation restrictive.

est faite, de *faire, faisant, fait, je fais, je fis*, verbe transitif direct au présent de l'indicatif passif singulier, 3ᵉ personne, se rapportant à *renommée*.

que, conjonction restreignant la négation dans cette tournure : *n'est faite que pour lui*, c'est-à-dire, *n'est* (pas) *faite* (pour un autre) *que pour lui*.

pour, préposition.

lui, pronom direct de la 3ᵉ personne, au masculin singulier, complément de *pour*.

seul, adjectif déterminatif masculin singulier, se rapportant à *lui*.

tant, nom de quantité, complément du verbe *donner*, et mis ici devant ce verbe, par la tournure exclamative à laquelle il est propre.

il, pronom de la 3ᵉ personne, masculin singulier, sujet de *donner*.

lui, pronom direct de la 3ᵉ personne, au féminin singulier, se rapportant à *renommée*, complément indirect de *donner*.

donne, de *donner, donnant*, etc.

de, préposition.

affaires, nom commun féminin pluriel, complément du nom de quantité *tant*, placé au commencement de la phrase. La construction analytique est : *il lui donne tant d'affaires*.

....

(4) *Bien*, adverbe déterminant le verbe *prend*.

en prend, nom abstrait et verbe impersonnel. *Prendre, prenant, pris, il en prend, il en prit*. On emploie ces deux mots dans cette locution particulière : *bien en prend, mal en prend à quelqu'un*, pour *il lui arrive du bien ou du mal*.

à, préposition.

cette, adjectif démonstratif fé-

minin singulier, se rapportant à *déesse*.
déesse, nom commun féminin singulier, complément indirect de *en prend*.

. . . .

(5) *Encore*, adverbe placé devant le verbe au lieu d'être après.
ne, négation.
en, pour *de cela*, *de ces bouches*, nom de chose, complément indirect de *a-t-elle*.
a-t-elle pour *elle a*. C'est cette tournure, motivée par *encore* et la forme exclamative de la phrase qui constitue ici le gallicisme dont il s'agit.
pas, adverbe déterminant la négation *ne*.
la, article féminin singulier, se rapportant à *moitié*.
moitié, nom commun féminin singulier, complément de *a*.
de, préposition.

ce, nom de chose masculin singulier, complément de *moitié*.
que, adjectif conjonctif masculin singulier, parce qu'il se rapporte à *ce*, complément direct de *avoir*, sous-entendu après *faudrait*.
il faudrait, de *falloir*, *lu*, *il faut*, *il fallut*, verbe impersonnel, au conditionnel présent, 3ᵉ personne du singulier, mis par ellipse pour *il faudrait avoir*.

. . . .

(6) *de quoi les occuper toutes*; gallicisme très-remarquable, fondé sur une ellipse très-forte. La construction pleine est : *il trouverait* (les choses ou les actions) *de quoi* (il pourrait) *les occuper toutes* (les bouches de la renommée). Ainsi rétablie, la phrase n'offre plus aucune difficulté.

IIᵉ SUJET.

(1) Mon Dieu! ne le maltraitez point. (2) Je vois *à sa mine* qu'il est honnête homme; (3) et que, sans *se faire mettre* en prison, il vous découvrira ce que vous voulez savoir. (*A maître Jacques.*) (4) Oui, mon ami, si vous nous confessez la chose, *il ne vous sera fait* aucun mal; (5) et vous serez récompensé *comme il faut* par votre maître. (6) On lui a pris aujourd'hui son argent, et *il n'est pas que vous ne sachiez* quelque nouvelle de cette affaire. (Molière, *l'Avare*, acte V, sc. 2.)

IIIᵉ SUJET.

La Comtesse. (1) Je n'ai rien vu *de si maussade* que votre coiffure. (2) Et *à quoi*, *s'il vous plaît*, vous êtes-vous amusée? — Julie. (3) *A lire*. — La Comtesse. (4) A lire?

(5) *celui-là* est admirable! (6) Oh! je serais curieuse de savoir ce que vous lisiez. — JULIE. (7) Madame, je lisais quelque chose de l'histoire romaine. — LA COMTESSE. (8) *En voilà bien d'une autre!* (9) Apprenez, mademoiselle, qu'il *ne* faut savoir *que* l'histoire du jour; (10) et, si l'on veut lire, *que ce soient* des brochures toutes mouillées. (11) Car, dès qu'elles sont sèches, on n'en parle plus. (12) Il est assez *à propos, le jour qu'elles* paraissent, d'en dire son avis, soit qu'on les ait vues ou *non*. (13) On en a entendu parler, cela suffit. (Mme de Staal, *la Mode*, acte I, sc. 2.)

IVe SUJET.

(1) Louis XIV a réformé le goût de la cour en plus d'un genre. (2) Il savait distinguer l'esprit du génie. (3) Il donnait à Quinault les sujets de ses opéras. (4) Il dirigeait les peintures de Lebrun. (5) Il soutenait Boileau, Racine et Molière contre leurs ennemis. (6) Il encourageait les arts utiles comme les beaux-arts, et toujours en connaissance de cause. (7) Il prêtait *de l'argent* à Van-Robais, pour établir ses manufactures. (8) Il avançait *des millions* à la compagnie des Indes, qu'il avait formée. (9) Il donnait *des pensions* aux savants et aux braves officiers. (10) Non-seulement *il s'est fait de grandes choses* sous son règne, mais *c'est lui qui les faisait*. (Voltaire, *Lettre à milord Harwey*.)

Ve SUJET.

(1) *Il circule* dans le monde *une envie* au pied léger, qui vit de conversation; on l'appelle Médisance. (2) Elle dit étourdiment le mal dont elle n'est pas sûre, et se tait prudemment sur le mal qu'elle sait. (3) Quant à la Calomnie, on la reconnaît à des symptômes plus graves : (4) pétrie de haine et d'envie, *ce n'est pas sa faute si* sa langue n'est pas un poignard. (Rivarol.)

VIe SUJET.

(1) De bien des gens, *il n'y a que* le nom qui vaille quelque chose. (2) Quand vous les voyez de fort près, c'est moins que rien; de loin, ils *imposent*. (3) *Tout* persuadé

que je suis que ceux que l'on choisit pour différents emplois font bien, *je me hasarde* de dire qu'*il se peut faire qu'il y ait* au monde plusieurs personnes connues ou inconnues que l'on n'emploie pas, qui feraient très-bien. (4) *Combien d'hommes* admirables et qui avaient de très-beaux génies *sont morts* sans qu'on en ait parlé! (5) *Combien vivent* encore, dont on ne parle point, et dont on ne parlera jamais. (La Bruyère, *du Mérite personnel.*)

VIIᵉ SUJET.

(1) C'est un homme étonnant et rare en son espèce.
(2) Il rêve fort à rien ; il *s'égare* sans cesse ;
Il cherche, il trouve, il brouille ; il regarde sans voir ;
(3) Quand on lui *parle blanc*, soudain il *répond noir*.
(4) Il vous dit *non* pour *oui*, *oui* pour *non* ; (5) il appelle
Une femme *monsieur*, et moi, *mademoiselle* ;
Prend souvent l'un pour l'autre. (6) Il va sans *savoir où*.
(7) On dit qu'il est distrait, mais moi je *le tiens fou* ;
D'ailleurs fort honnête homme, à ses devoirs austère,
Exact et bon ami, généreux, doux, sincère.
(8) Il est et sage et fou : *voilà l'homme en deux mots.*
(Regnard, *le Distrait,* acte II, sc. 1.)

FIN.

TABLE DES MATIÈRES.

	Pages
Préface.	5
Leçon Ire. Définition. — Espèces des mots	11
Exercices	ib.
Leçon II. Sous-divisions des espèces de mots	14
Exercices	17
Leçon III. Formes accidentelles des mots	19
Exercices	21
Leçon IV. Formes accidentelles composées	24
Exercices	26
Leçon V. Relations syntaxiques des mots	29
Exercices	30
Leçon VI. Figures de construction	34
Exercices	36
Leçon VII. Gallicismes	38
Exercices	43

FIN DE LA TABLE DES MATIÈRES.

OUVRAGES DE M. B. JULLIEN

PUBLIÉS PAR LA LIBRAIRIE DE L. HACHETTE ET Cie.

Cours supérieur de grammaire. 2 volumes grand in-8°. Prix, brochés.................................... 15 fr.
<small>Ouvrage autorisé par le Conseil de l'Instruction publique.</small>

Éléments de la grammaire française de Lhomond, revus et complétés par M. B. Jullien. 1851. 1 volume in-12. Prix, cartonné..................................... 60 c.

Petit traité d'analyse grammaticale, à l'usage des élèves; 2e édition, 1851. 1 vol. in-12. Prix, cartonné. 50 c.
<small>Ouvrage autorisé par le Conseil de l'Instruction publique.</small>

Traité complet d'analyse grammaticale, renfermant le développement des préceptes, ainsi que le texte et le corrigé des sujets d'analyse contenus dans le *petit traité*, autorisé par le Conseil de l'Instruction publique; à l'usage des maîtres; 2e édition, 1851. 1 vol. in-12, cart. 1 fr. 50 c.

Petit traité d'analyse logique, à l'usage des élèves; 2e édition, 1851. 1 volume in-12. Prix, cartonné... 50 c.
<small>Ouvrage autorisé par le Conseil de l'Instruction publique.</small>

Traité complet d'analyse logique, renfermant le développement des préceptes, ainsi que le texte et le corrigé des sujets d'analyse contenus dans le *petit traité*, autorisé par le Conseil de l'Instruction publique; à l'usage des maîtres; 2e édition, 1851. 1 vol. in-12, cartonné. 1 fr. 50 c.

Manuel des examens dans les écoles primaires; à l'usage des inspecteurs des écoles, des membres des conseils académiques, des délégués cantonaux, des instituteurs et de toutes les personnes chargées d'interroger les élèves et de constater le degré de leurs connaissances; 2e édition. 1 volume grand in-18. Prix, broché.......... 1 fr. 50 c.

Dialogues des morts, par Fénelon, suivis de quelques dialogues de Boileau, Fontenelle; nouvelle édition classique, avec une introduction et des notes par M. B. Jullien. 1 volume in-12. Prix, cartonné............... 1 fr. 50 c.
<small>Édition autorisée par le Conseil de l'Instruction publique.</small>

Paris. — Typographie Panckoucke, rue des Poitevins, 8 et 14.

www.ingramcontent.com/pod-product-compliance
Lightning Source LLC
LaVergne TN
LVHW021707080426
835510LV00011B/1628